AF586759

DE LA

RÉPUGNANCE DES BRETONS

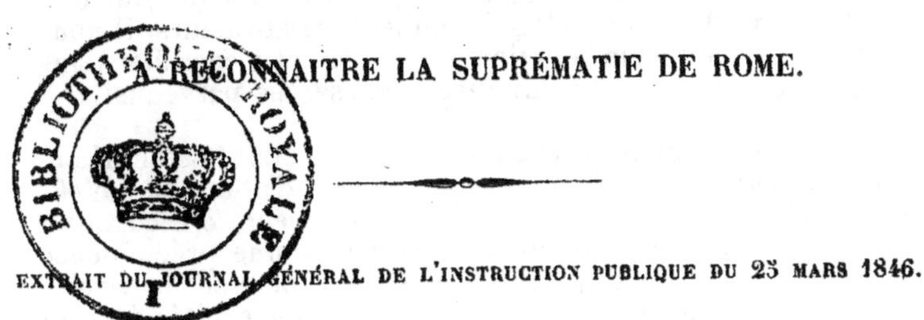

A RECONNAITRE LA SUPRÉMATIE DE ROME.

EXTRAIT DU JOURNAL GÉNÉRAL DE L'INSTRUCTION PUBLIQUE DU 25 MARS 1846.

M. Varin, ancien doyen de la Faculté des lettres de Rennes, se dispose à publier quelques parties du cours qu'il a professé dans cette ville. Déjà il a lu devant l'Académie des Inscriptions un Mémoire détaché de ce cours, sur l'origine des *monastères doubles*, et sur leur propagation en Europe. Il nous a communiqué, et nous nous empressons de publier, un fragment également emprunté aux études qu'il a faites sur les origines du christianisme dans les îles britanniques.

Les novateurs des derniers siècles, et quelques historiens de notre époque, ceux-là pour mieux rompre les liens qui existaient entre Rome et l'Angleterre, ceux-ci pour établir d'ingénieux rapprochements entre le génie grec et le génie celtique, ont avancé que la Bretagne avait reçu directement de l'Asie les lumières de l'Evangile. Afin de le prouver, ils se sont efforcés d'établir que, dès l'origine, l'Eglise bretonne s'écartait des doctrines romaines, et se rapprochait des traditions de l'Asie, sur six points principaux. Ces points seraient :

1° L'usage de rites spéciaux dans l'administration du baptême;
2° L'emploi d'une liturgie particulière dans la célébration de la messe;
3° L'adoption d'une tonsure distincte pour le clergé;
4° Le mariage des prêtres;
5° La détermination des Pâques;
6° Enfin une grande répugnance pour la suprématie des papes,

1846

Chacun des cinq premiers points a déjà été, dans nos précédentes conférences, l'objet d'un examen d'après lequel nous avons pu d'une part affirmer qu'avant le cinquième siècle aucune dissidence essentielle n'existait entre Rome et la Bretagne, et d'une autre, assigner à ces dissidences, lorsqu'elles éclatent, des origines différentes de celles qu'ont imaginées les novateurs. Il nous reste à examiner de même la sixième question. et à constater dans un résumé final les résultats auxquels nous serons parvenus.

VI. L'Eglise bretonne, selon les novateurs, était hostile dès le principe à la suprématie de Rome. — En cela d'abord elle n'eût pas imité l'Orient où, dès le principe, deux siéges épiscopaux, ceux d'Alexandrie et d'Antioche, jouissaient d'une prééminence incontestée, par cela seul qu'ils devaient leur origine au vicaire que s'était donné le Christ : « La dignité de notre cité, écrivait « saint Jean Chrysostôme, lorsqu'il n'était encore que simple « prêtre d'Antioche, se fonde sur cette heureuse prérogative que « lui a valu l'enseignement du prince des apôtres... Il était juste « qu'une ville où le nom de chrétien fut proclamé pour la pre« mière fois, reçût pour pasteur le chef de l'apostolat (1). »

Alexandrie pouvait en dire autant, soit que l'on admette avec Scaliger et Marca (2) ces grandes lumières du protestantisme et du gallicanisme, qu'elle a été évangélisée par saint Pierre lui-même, soit qu'avec les anciens on reconnaisse pour le fondateur de son Eglise le disciple bien-aimé de cet apôtre, saint Marc l'évangéliste (3). Or, toute l'Asie chrétienne était du ressort de ces deux siéges (4) dont la splendeur dérivait de saint Pierre, et, de concert avec ceux qui les occupaient, elle reconnaissait la suprématie de ce troisième siége que le vicaire de Jésus-Christ avait arrosé de son sang. Quelques faits choisis dans l'histoire des quatre premiers siècles suffisent pour mettre cette assertion hors de doute.

Cent cinquante ans après le supplice de saint Pierre, au moment où la persécution faisait toujours, non pas des ambitieux, mais des martyrs (211), le chef de l'école d'Alexandrie, le savant Origène,

---

(1) S. Johann. Chrys., edit. Montfauc. 1718, III, p. 70. — Cf. II, 176.

(2) *De Con cord.*, lib. VI, c. 1, § 4.

(3) Euseb., *Hist. eccles.*, ed. G. Reading, 1720, f°. l. II, c. 14, 15, 16, tome I, p. 65. — Cf. S. Hieron., ed. Martianay, 1693, *de Scripto. eccles. in Marco;* et Philone, IV, p. 105; epist. 58, 87; tom. IV, p. 597, 689, etc.

(4) *Concil. Nicœn.*, can. 6, p. 31. *apud Labb.*, vol. II. Ce n'est que du quatrième siècle que datent les prétentions des évêques de Constantinople et de Jérusalem, et c'est dans le cinquième seulement qu'ils furent définitivement élevés au rang de patriarches. Voir les *conciles de Constantinople*, *en* 381, *et de Chalcédoine*, *en* 451, dans *Labbe* II, 952, et IV. Act. xv, can. 9, 17 et 28, p. 760, 764, 769, etc.. — Voir aussi Thomassin, *Discipl. de l'Eglise*, I, part. I, chap. VII-XVI.

était venu à Rome contempler respectueusement l'Eglise d'où procèdent toutes les autres (1).—Le disciple de ce grand homme, saint Denys, du vivant même de son maître, devint évêque d'Alexandrie (247). Il fut cité à Rome pour s'expliquer sur ses doctrines (261), et répondit à cet acte de suprématie par l'envoi de sa défense. —Le souvenir de sa soumission, comme celui du jugement favorable qu'il obtint, nous a été transmis par saint Athanase (2), qui, à soixante ans de distance (328), lui avait succédé sur le siége d'Alexandrie.

Mais un autre siége, avons-nous dit, celui d'Antioche, rangeait sous ses lois une moitié de l'Asie. Du temps même d'Athanase, trois évêques s'en disputaient la possession, et chacun pour l'emporter sur ses rivaux, se vantait d'être en communion avec l'Eglise romaine. Saint Jérôme, témoin de leurs débats, écrivait à ce sujet au pape Damase (376) : « J'élève la voix et je dis : S'il en est un « qui adhère à la chaire de saint Pierre, celui-là est mon évê« que. Mais Vital, Mélèce, Paulin, prétendent tous adhérer à « Rome.... Je prie donc ta béatitude de m'écrire avec qui je dois « communier en Syrie. » (3) — Cinq ans après que saint Jérôme eut écrit ces lignes, le deuxième concile œcuménique se réunissait à Constantinople (381). Dans ce concile, la nouvelle capitale du monde romain réclamait pour son évêque un rang analogue à sa récente importance. Elle fit prévaloir ses prétentions, il est vrai, sur les droits des deux anciens siéges que Pierre avait fondés en Asie, mais au milieu d'un concile composé d'Asiatiques, pas une voix n'osa s'élever contre cette autre capitale d'où les empereurs avaient retiré leur trône, mais où le représentant du Christ conservait sa chaire. Et si tous les Orientaux, d'une voix unanime, donnèrent à Constantinople la première place en Asie, ils n'osèrent lui assigner que la seconde dans l'univers chrétien (4).

Mais c'est trop nous arrêter sur un point depuis longtemps démontré, et comme les novateurs n'insistent d'ailleurs que médiocrement sur l'identité de l'opposition qu'auraient faite au saint-siége les Eglises d'Asie et de Bretagne, nous croyons pouvoir maintenant circonscrire la question, et nous borner à rechercher si réellement, et dès le principe, les Bretons se sont montrés hostiles à la suprématie romaine. Les novateurs allèguent la résistance insurmontable qu'opposèrent les Bretons à saint Augustin (596-605), l'envoyé de Grégoire le Grand et l'apôtre des Anglo-Saxons. Mais les Bretons ne repoussèrent que la suprématie personnelle d'Augustin, nullement celle de Rome. « C'est

(1) Euseb., *Hist. eccles.*, l. VI, c. 14, tom. I, p. 274.
(2) S. Athanas. *passim, de Synod.*; *contra hæres. Arian. decret.*; *de sent. Dyonis. contra Arian.*, *etc.*; oper, omn., 1698. I, 230, 246, 757.
(3) S. Hieron., IV, p. 20.
(4) Labb. *Conc.* II, p. 948, c. 3.

« parce qu'ils l'accusaient d'orgueil, dit Bède (1), qu'ils s'efforçaient de le contredire. » Puis leur résistance, qui date du septième siècle (603), ne peut jeter aucune lumière sur la question des origines. Elle le peut d'autant moins que, sans remonter aux premiers siècles, on peut à des époques très-rapprochées de cette résistance même, constater une grande déférence de la part des Bretons pour le saint-siége. Ainsi, au cinquième siècle (429 et 447), l'Eglise bretonne avait été arrachée à l'hérésie de Pélage, l'un de ses fils, par un délégué du pape, par saint Germain d'Auxerre (2). Au sixième siècle, c'est-à-dire au moment où se sont déjà révélées sur certains usages secondaires quelques dissidences entre la Bretagne et l'Italie, le clergé breton était si loin de méconnaître la suprématie de Rome, et de la croire odieuse aux populations, que souvent il la faisait intervenir pour dissiper les résistances des insulaires à ses propres volontés. Il faut entendre à ce sujet les plaintes de Gildas, ce Breton passionné pour les usages de sa patrie : « Nos prêtres recherchent les dignités avec plus d'ardeur « que le royaume des cieux.... Aussi lorsque dans un diocèse « ils éprouvent de la résistance à leur ambition et ne peuvent « saisir le joyau qu'ils souhaitent, ils se font précéder d'ambassa- « deurs, traversent avec empressement les mers et le continent, « et vendent tout ce qui leur appartient pour acquérir l'objet de « tant de convoitise, c'est-à-dire une illusion diabolique. Alors ils « reviennent avec grand fracas dans leur patrie.... et marchent « en se rengorgeant : leurs regards sont toujours au moins de ni- « veau avec le sommet des montagnes, quand leurs yeux distraits « et à demi fermés ne s'égarent pas à travers les nuages (3)..... » On le voit, les prélats bretons ne croyaient pas avoir dérogé en faisant dériver leur puissance de la suprématie romaine. — Mais, dira-t-on, Gildas les blâme, et, de notre aveu même, Gildas est le plus fidèle interprète de l'esprit breton. Sans doute, et son ardeur à maintenir la discipline de l'Eglise bretonne ne fait que rendre plus décisifs les témoignages de son respect pour le chef de l'Eglise catholique, lorsqu'il rappelle que Dieu a remis à Pierre

(1) Bède, *Hist. eccles.*, lib. 2, c. 2.... Eum notantes superbiæ, cunctis quæ dicebat contradicere laborabant.

(2) S. Prosp. Adver. collat., c. 21, p. 363; Chronic., p. 744. — Un auteur qui écrivait quarante ans après la mort de saint Germain (*Hist. litt. de la France*, t. II, p. 546), et qui déclare n'être pas très-sûr des faits qu'il rapporte (Bolland., 31 juillet, t. V, p. 201), le moine Constance, dit que saint Germain, dont il retrace la vie, reçut sa mission des évêques de la Gaule. Mais cette assertion peut très-bien se concilier avec celle de Prosper, qui d'ailleurs était Gaulois ainsi que Constance, et qui de plus se trouvait dans les Gaules lors de la première mission de saint Germain en 529 (*Hist. litt.*, II, p. 371), et à Rome lors de la seconde en 546. (*Ibid.*, p 375.) — Voir Bolland., juillet, p. 195.

(3) Gildas, édit. Stevenson, 8°, 1838, § 67, p. 75.

et à ses successeurs la clef des cieux (1), lorsqu'il traite de *Porcs noirs* (2) les ennemis de l'Eglise romaine, et relègue sur l'escabeau de Judas les évêques bretons qui n'imitent pas sur leurs siéges les vertus de celui qu'il proclame le modèle des prêtres et le Prince des Apôtres (3). Si donc un demi-siècle après Gildas l'Eglise bretonne se montrait rebelle à la voix de Rome, il faudrait chercher à son opposition d'autres causes qu'une répugnance originelle pour la suprématie des pontifes romains. Ces causes, nous allons essayer de les découvrir.

L'éloignement que manifestèrent les Bretons pour certains interprètes des doctrines romaines, n'est véritablement apparent que durant le septième et le huitième siècle. On en chercherait vainement des traces en dehors de cette époque. La difficulté consiste donc à démêler, durant cette époque même, les circonstances qui l'ont provoqué. L'étude toute spéciale que nous avons faite dans nos leçons du double apostolat de saint Colomban et de saint Augustin, nous rend cette tâche facile, car c'est à leur mission que se rattachent la plupart des incidents dont les novateurs s'appuient pour établir la mésintelligence des deux Eglises; de sorte qu'il nous suffit de rappeler en peu de mots à quelle cause déjà nous avons attribué ces incidents, et de choisir entre ces incidents mêmes les plus décisifs de ceux que nous avons allégués en faveur de notre opinion.

Si quelque mésintelligence, avons-nous dit, paraît éclater entre la Bretagne et Rome, il ne faut en rechercher les motifs que dans des sentiments purement humains, modifiés chez les Bretons par les circonstances fâcheuses où se trouva leur race, surtout à dater du cinquième siècle. Autrefois, les Celtes s'étaient épandus victorieux à travers le continent. Ils avaient détruit Rome et Delphes, bravé le Capitole et Alexandre. Depuis, la fortune avait changé, et la race jadis, victorieuse, se trouvait maintenant refoulée et cernée sur les points extrêmes où finit l'Europe, où

---

(1) Petro ejusque successoribus dicit Dominus : *Tibi dabo claves regni cœlorum*... Clavicularius regni cœlorum.... Gild., § 73, p. 82. — § 109, p. 116.

(2) Novatus Romæ dominicæ mulctator margaritæ porcus niger... *Ibid.*, § 67, p. 76.

(3) Audiamus quid Princeps Apostolorum, B. Petrus.... signaverit..... — Vero sacerdoti dicitur : Tu es Petrus.... — Judam quodam modo in Petri cathedra... statuunt qui ambitores ordinant., *ibid.*, § 66, p. 72. § 67, p. 75 § 106, p. 111. § 109, p. 116.

Nous pensons que quelques écrivains catholiques ont donné trop d'extension au sens de ce dernier passage, en l'interprétant comme si Gildas eût reproché aux évêques bretons de souiller des siéges *institués* par saint Pierre. Nous ne saurions voir ici que l'intention de proposer saint Pierre entre tous les apôtres comme le modèle de l'épiscopat, et cette intention suffit, à notre avis, pour établir que Gildas ne redoutait pas les prétentions de la cour de Rome à qui ses éloges eussent donné des armes. (Voir Alford, an. 100, n° XV.)

commence l'Océan. « Les flots, s'écriait-elle dans sa détresse, me « poussent vers les Barbares, les Barbares me repoussent vers les « flots ; il faut périr égorgée ou submergée (1). » Dans cette position presque désespérée, les sentiments qui, chez les peuples comme chez les individus, procèdent de l'instinct de conservation, avaient dû se développer chez les Bretons. Le patriotisme de ceux-ci s'était exalté ; leur haine pour l'ennemi ne connaissait plus de bornes ; leur méfiance pour tout étranger s'accroissait, toute prête à se convertir en haine. Ces trois dispositions d'esprit expliquent parfaitement les relations de la Bretagne et de Rome à l'époque où l'on y surprend quelques signes de mésintelligence. Récapitulons les preuves nombreuses que nous ont fournies nos études sur saint Colomban et sur saint Augustin.

Colomban n'appartenait pas, il est vrai, à la race bretonne; mais parmi les Scots, il est un de ceux qui se montrèrent les plus zélés pour les usages de cette race dont ses compatriotes partageaient les doctrines. Ses écrits sont les premiers qui fournissent des arguments aux novateurs. — Voué à la prédication de l'Evangile, ce ne fut pas chez les nations les plus rapprochées de la Bretagne que Colomban essaya d'en faire pénétrer la lumière. Là, cependant, il pouvait recueillir une ample moisson; mais c'eût été travailler pour les ennemis des siens. Il vint évangéliser le continent.—Or, le continent avait reçu depuis longtemps l'Evangile; les Barbares étaient loin sans doute d'en pratiquer la morale, et les y ramener offrait encore une noble tâche. L'entreprise avait de grandes difficultés; et pour la faire réussir, la première condition eût été de ne point la compliquer de difficultés factices. Pourvu que les Barbares revinssent à l'Evangile, qu'importait par exemple le maintien des usages bretons? Mais le fils adoptif de la Bretagne ne sut pas transiger avec ses chers usages ; non-seulement il les défendit contre tous, mais il voulut les imposer à tous; et tous résistèrent.—Dès lors il entra en méfiance ; en méfiance des Gaulois qui repoussaient ses usages, de Rome qui ne se prononçait pas contre les Gaulois. Bientôt même à cette méfiance succédèrent des éclats de zèle, dictés par des motifs trop saints pour être de la haine, mais trop vifs, même dans un apôtre, qui firent expulser Colomban des Etats de Brunehaut, et mirent sa plume au service d'un roi lombard, en faveur d'un schisme et contre un pape.—Ainsi, répulsion invincible pour les païens ennemis de la race bretonne, attachement inviolable à ses usages, méfiance qui dégénère en hostilités, même à l'égard de Rome, voilà de quoi se compose l'apostolat de Colomban.—Mais au moment le plus critique de cet apostolat, lorsqu'il prend à l'égard du pape un caractère de censure, s'insurge-t-il pour cela contre la papauté? Quelques phrases de Colomban

(1) Gildas, *De excid.*, c. 18.

suffisent pour répondre à cette question : « Nous tous, les Hiber-
« nois, qui habitons l'extrémité du monde, nous sommes les
« disciples de saint Pierre et de saint Paul, et des apôtres qui
« ont écrit sous la dictée de l'Esprit-Saint; nous ne recevons
« rien de plus que la doctrine apostolique..... telle que Rome
« nous l'a transmise..... Nous sommes liés à la chaire de saint
« Pierre, et quoique Rome soit grande et célèbre, c'est à cause
« de cette chaire seulement qu'elle nous paraît célèbre et grande.
« ..... Depuis que l'esprit de Dieu, entraîné à travers l'océan des
« peuples par ces deux nobles coursiers, dont Rome est si heu-
« reuse de posséder les reliques, par les apôtres Pierre et Paul,
« depuis que ceux-ci nous ont apporté le Christ, » (Colomban, on le voit, n'était point partisan des origines asiatiques), « leurs
« successeurs sont à nos yeux grands et illustres, et Rome nous
« en paraît plus illustre et plus noble. Ceux-là deviennent pres-
« que célestes pour nous, et celle-ci reste l'Eglise capitale entre
« toutes les églises, sauf la prérogative particulière qui s'attache
« au lieu témoin de la résurrection du Sauveur. » Ces lignes sont extraites de la lettre même où, selon nous, Colomban s'attaque à un pape, où, selon les novateurs, il s'attaque à la papauté.—Mais, dira-t-on peut-être, l'apostolat de Colomban ne peut offrir des arguments décisifs ; trop de circonstances étrangères à l'Eglise bretonne ont pu le modifier. L'origine du saint, son caractère personnel, son isolement parmi des nations lointaines, doivent avoir influé sur sa conduite. Au lieu d'un individu, ce sont les masses qu'il faut étudier ; c'est dans leur sein qu'il faut constater l'existence des sentiments que nous leur attribuons. Ces observations sont justes. L'histoire de l'apostolat d'Augustin nous offre les moyens d'y obtempérer.

Tandis que Colomban apportait sur le continent les usages bretons, Augustin allait conquérir aux usages romains les Saxons, dont l'apôtre insulaire s'était éloigné. Augustin, au lieu de se montrer exclusif comme celui-ci, voulait associer les Bretons à sa tâche, dût-il pour cela admettre leurs usages. La sagesse de Grégoire le Grand lui avait laissé toute latitude à cet égard.— Parmi ces usages cependant, il en était deux qui paraissaient devoir frapper d'impuissance la collaboration qu'il sollicitait. L'un, qui nous est inconnu, portait sur l'acte même qui, d'un païen fait un chrétien, sur le baptême ; l'autre, sur la célébration de ce sacrifice sans lequel les chrétiens ne pourraient devenir des élus, du sacrifice de notre rédemption. Les Bretons baptisaient d'après certains rites qui sans doute étaient trop dissemblables de ceux des Romains, pour ne pas inspirer aux peuples grossiers qu'il s'agissait de convertir, des doutes sur l'identité des doctrines dont ces rites n'étaient que le symbole. Leur Eglise fêtait la Pâque tantôt une semaine, tantôt un mois avant les Romains, jeûnant tandis que ceux-ci étaient dans l'allégresse, et se réjouissant tandis qu'ils jeûnaient, disparate dont ne se seraient jamais rendu compte les nouveaux convertis.—Augustin supplia les Bretons de renoncer sur ces points seulement à leurs usages, les laissant libres sur tous les autres. Le patriotisme breton s'y refusa. Il s'y refusa d'autant plus qu'il s'agissait d'évangéliser des ennemis (1). Ouvrir les portes du ciel à des ennemis! l'abnégation chrétienne des Bretons ne put aller jusque là ; et même leurs clercs entrèrent en méfiance de celui qui avait fait cette proposition. Eux qui jadis avaient reçu avec gratitude les envoyés de Rome, les Palladius, les Ninias, les Patrice, les Germain d'Auxerre ; eux qui naguère encore, du temps de Gildas, recevaient pour premiers pasteurs ceux qui allaient briguer à Rome les dignités qu'on leur refusait dans leur patrie, ils observent avec inquiétude les moindres démarches, non pas du nouvel envoyé de Rome, ils s'étaient abouchés avec lui en cette qualité, mais de l'imprudent qui leur a parlé de convertir les Saxons. Il arrive que dans une dernière conférence Augustin néglige de se lever à leur approche. C'est un signe évident de son orgueil. Lui aussi il veut les asservir, lui et les siens sans doute, car dès lors toute communication est rompue avec les missionnaires, romains ou non d'origine, qui évangélisent ces odieux Saxons. Il faut relire la lettre qu'écrivait, un siècle après cette rupture, un Saxon converti par les Romains, pour savoir jusqu'à quel point la méfiance première des Bretons s'était transformée en répulsion pour les successeurs d'Augustin. « L'opiniâtreté des prêtres bretons, écrit Aldhelm à Gerontius, va « si loin par delà le cours de la Saverne (dans le pays de « Galles)......... et ils ont une telle horreur de communiquer avec les Romains, qu'ils refusent de prier avec ceux-ci « dans les églises, et de s'asseoir à la même table ; bien plus, ce « que les Romains laissent de leurs repas est jeté aux chiens et « aux pourceaux ; la vaisselle ou les flacons dont ils se sont « servis sont enterrés ou purifiés par les flammes. Les Bretons « ne leur rendent ni le salut, ni le baiser,..... et si quelqu'un « d'entre eux vient dans le pays pour l'habiter, les indigènes ne « communiquent avec lui qu'après une pénitence de quarante jours (2). » Certes, une semblable hostilité est très-près de ressembler à de la haine. Mais cette haine, si elle existe, tient-elle aux répugnances de la Bretagne pour la suprématie romaine, ou simplement aux circonstances qui ont exalté le patriotisme des Bretons en faveur de leurs usages, leur haine contre des ennemis, et leurs soupçons contre qui ne partage pas ces haines? Une seule observation nous mettra sur la trace de la vérité.

Au moment où éclatent ces symptômes d'insubordination ou de patriotisme, n'importe, l'Eglise bretonne est plus étendue que la

---

(1) Bed., *Hist. eccles.*, l. II. c. 2.... Ut genti Anglorum prædicetis.
(2) Biblioth. PP., Lugd., 1677, XIII, p. 87.

nation bretonne. Celle-ci est concentrée à peu près exclusivement dans le pays de Galles ; celle-là, embrasse, outre le pays de Galles, ce qu'on appellerait aujourd'hui l'Écosse et l'Irlande. L'Irlande est occupée tout entière par la race ibérienne des Scots ; le nord de la Bretagne l'est par des Scots et par la race germaine des Pictes. — Si l'opposition faite au clergé romain depuis l'apostolat d'Augustin, a son principe dans des antipathies religieuses, elle éclatera avec une force et une persistance égales dans les trois contrées où les traditions religieuses sont les mêmes; et dans le cas où elle devrait céder un jour, il est évident que les points les plus éloignés de l'ennemi commun, seront les derniers à subir le joug.—Si cette opposition tient au contraire à des rancunes nationales, la force et la persistance n'en seront pas les mêmes dans les trois populations qui appartiennent à trois races différentes. Où le patriotisme sera blessé, l'hostilité deviendra plus vive et plus aveugle; agresseurs et médiateurs seront frappés d'une égale réprobation. Mais où le patriotisme aura moins à craindre, il sera plus impartial, et cette fois, ce seront les peuples les plus éloignés du théâtre de l'agression qui devront cesser les premiers d'étendre les hostilités politiques aux doctrines religieuses. — Ouvrons l'histoire.

Dans les trois contrées où dominent les usages de l'Eglise bretonne, il existe trois centres desquels émanent et auxquels aboutit tout le mouvement religieux. Ce sont les monastères de Bangor, l'un au pays de Galles, l'autre en Irlande, et celui d'Iona en Ecosse. Ce dernier est une colonie du second ; le second, une colonie du premier. Le même esprit les anime. Il apparaît d'une manière aussi précoce dans les colonies que dans la métropole, car voici ce qu'écrivaient dès les premières années du septième siècle (609), trois évêques, naguère associés aux travaux d'Augustin, et dont l'un était devenu tout récemment son successeur (1) : « Avant de pénétrer, par l'ordre du saint-siége, dans « cette île, qui porte le nom de Bretagne,..... nous avions « en grande vénération la sainteté des Bretons et des Scots. Lors« que nous connûmes les Bretons, nous pensâmes que les Scots « étaient meilleurs. Mais à cette heure, que l'évêque Dagan est « venu de l'Irlande nous trouver en Bretagne, et que l'abbé Co« lomban s'est rendu dans les Gaules, nous savons que les Scots « ne diffèrent en rien des Bretons ; car l'évêque Dagan a non« seulement refusé de partager notre nourriture, il n'a pas même « voulu prendre la sienne dans le lieu qui nous servait de « demeure. » Vingt années après cette lettre écrite (630), un concile national s'assemblait en Irlande (2) pour traiter des principales questions controversées entre les Bretons et Rome.

---

(1) Bed. *Hist. eccles.*, l. II, c. 4.

(2) Labb. Concil., *edit. Venet.*, t. VI. — Usser. *De primord.*, p. 486.

Les pères de ce concile, dit un témoin oculaire, dans une lettre qu'a publiée Usserius (1), recoururent à Rome, comme des fils à leur mère : *velut natos ad matrem*. Rome les exhorta par la voix d'Honorius (2) à renoncer surtout au calcul erroné d'après lequel ils fixaient les Pâques ; et l'Hibernie méridionale, plus éloignée des foyers du monachisme breton, se rendit pour toujours à cette exhortation (634). L'Hibernie centrale, qui semble s'y être également rendue, mais s'être ensuite laissé influencer par le voisinage de Bangor et d'Iona (3), revenait après six ans (640) à ses anciennes coutumes (4), auxquelles toutefois elle renonçait définitivement, vers 703 (5). Enfin l'Hibernie septentrionale soumise aux moines d'Iona (6) s'était associée à la résistance des Scots et des Pictes de la Calédonie, qui relevaient également de ces moines, ainsi que Bède a soin de nous en informer (7). Ce fut chez les Pictes, c'est-à-dire parmi les populations les plus éloignées d'Iona, que commença la défection. « En ce temps-là, dit Bède (8), « Naitan, roi des Pictes..... amena tous ses sujets à célébrer « avec le monde catholique la résurrection du Sauveur. Pour y « parvenir plus facilement, il eut recours aux Anglais, qu'il savait « se conformer en tout aux usages de Rome. Il députa donc « vers le vénérable Céolfrid, abbé du monastère des bienheu« reux Pierre et Paul ;..... lui demandant des arguments pour « combattre ceux qui ne célébraient point les Pâques à l'époque « où elles tombaient..., et pour établir quelle forme de tonsure de« vaient porter les clercs. Il le priait aussi de lui envoyer des archi« tectes pour élever une église, comme les Romains, avec de « grandes pierres, promettant de la dédier au prince des apô« tres. Céolfrid écrivit cette lettre, et Naitan, après en avoir « donné connaissance aux hommes les plus doctes et aux grands « de sa cour, tomba à genoux, remerciant Dieu de l'avoir jugé « digne de recevoir un tel présent des contrées saxonnes.....; « puis, sans retard, il dépêcha des hommes publics, chargés de « faire disparaître l'ancien comput, et d'y substituer le nouveau, « dans toutes les provinces des Pictes. Moines et prêtres furent « rasés en couronne, et la nation, récemment affiliée à la disci« pline ainsi réformée, se réjouissait d'avoir été soumise à une « espèce de noviciat nouveau envers le prince des apôtres, et de « se sentir placée sous sa protection. » Ces faits s'accomplissaient vers l'an 710. Au commencement du huitième siècle, les Bretons

---

(1) Usser. *Epist. Hibern. sylloge*, n° 11 ; edit. 1665, p. 17.
(2) Bed., *Hist. eccl.*, l. II, c. 19, et liv. III, c. 3.
(3) *Ibid.*, l. V, c. 15.
(4) *Ibid.*, l. II, c. 19... Novam ex veteri hæresim *renovare* conantes.
(5) *Ibid.*, liv. V, c. 15.
(6) *Ibid.*
(7) *Ibid.*, l. III, c. 3.
(8) *Ibid.*, l. V, c. 21.

ne pouvaient donc plus compter que sur les Scots septentrionaux d'Irlande et d'Ecosse, pour partager leurs sentiments. — Ceux-ci n'avaient pas même attendu cette époque pour se séparer de leurs frères sur le point le plus essentiel. En 633, c'est-à-dire trente ans après qu'ils avaient refusé à saint Augustin de coopérer à la conversion de leurs ennemis, les Bretons se liguèrent avec les Saxons païens de Mercie pour anéantir, s'ils le pouvaient, les Saxons de Northumbrie, auxquels des missionnaires romains portaient alors les premiers enseignements de la foi (1). Le chef « des Bretons, Cædvalla, dit Bède, quoiqu'il portât le nom de « chrétien, avait l'esprit et les mœurs d'un barbare.... Ayant « formé le projet d'anéantir la race anglaise, il massacrait tout « devant soi, ne tenant aucun compte du christianisme que les « Angles commençaient à goûter; car jusque aujourd'hui (731) « l'habitude des Bretons est de priser à l'égal de rien la foi des « Saxons, et de ne pas plus communiquer avec eux qu'avec des « païens (2). » Le vénérable historien aurait dû ajouter que si parfois les Bretons surmontaient leurs répugnances, c'était en faveur des païens, lorsqu'il s'agissait d'anéantir des chrétiens. Or, pendant que Cædvalla poursuivait le cours de ses vengeances, les Scots méridionaux de l'Hibernie, avaient embrassé, on se le rappelle, les usages romains; et, deux ans après les sévices du roi breton (635), les Scots septentrionaux rallumèrent le flambeau de la foi dans les lieux mêmes où il venait de l'éteindre (3). Leur charité, que n'avait point paralysée une haine personnelle, mais des préjugés d'emprunt, se fit jour malgré ces préjugés que la force de l'habitude entretint cependant pour quelque temps encore sur des points secondaires. Ainsi les nouveaux néophytes de Northumbrie apprirent des moines d'Iona à supputer les Pâques comme le faisaient les Bretons; mais dans l'esprit de leurs instituteurs, le comput breton n'avait rien d'hostile contre Rome. En effet, sur la demande d'un roi Northumbre, les Scots se rendirent avec les clercs romains à une conférence où il s'agissait de traiter à fond la question des Pâques (664). Les moines d'Iona étaient représentés dans cette conférence par les plus habiles d'entre eux. Leur meilleure raison pour défendre les usages bretons était que Columba, l'apôtre de leur province, les avait pratiqués. Columba était un Scot élevé dans les monastères bretons. Les clercs romains opposaient apôtre à apôtre, Pierre à Columba, et se prévalaient de la principauté de Pierre et du pouvoir que Jésus lui avait accordé. Certes, si jamais occasion s'était offerte de s'élever contre les prétentions romaines, c'était celle-ci; et cependant, voici ce que Bède rapporte : « Wilfrid (c'était le défen-

(1) Bed., *Hist. eccles.*, l. II, c. 9—20.
(2) *Ibid.*, l. II, c. 20.
(3) *Ibid.*, l. III, c. 3.

« seur de Rome), Wilfrid disait : Si votre Columba était saint et « puissant en vertu . . . , a-t-il donc pu l'emporter sur le bien- « heureux chef des apôtres, à qui le Seigneur a dit : *Vous êtes « Pierre, et sur cette pierre j'édifierai mon Eglise; les portes de « l'enfer ne prévaudront point contre elle, et je vous donnerai « les clefs du royaume des cieux.* » Le roi northumbre, qui assistait à cette conférence, dit à Colman (c'était le défenseur des usages bretons) : « Est-il vrai que Dieu ait dit cela à Pierre ? » Colman répondit : « Cela est vrai. » Alors, le roi : « Avez- « vous quelque motif pour croire qu'un pouvoir semblable ait « été attribué à votre Columba? » « Aucun, » répondit Colman. Le roi poursuivit : « Vous convenez donc tous deux, d'une ma- « nière positive, que ce langage a été tenu principalement à Pierre, « et que le Seigneur lui a donné les clés des cieux. » « Nous en « convenons. » « Eh bien ! reprit le roi, je vous dis que je n'ai « aucune envie d'être mis à la porte du ciel (1). » Le Northumbre adopta en conséquence les usages romains. Mais, on le voit, les moines d'Iona, ces défenseurs les plus persistants des usages bretons, en dehors du pays de Galles, étaient loin de méconnaître la suprématie de Pierre et de ses successeurs. Cependant, fidèles à des usages qui cette fois ne blessaient pas la charité, et que leur avait transmis une race avec laquelle leurs rapports étaient continuels, ils les conservèrent quarante ans encore après la conférence où ils les avaient si opiniâtrement défendus. Ils les abandonnèrent enfin (716) à la persuasion d'un moine anglo-saxon (2); et les Bretons persistèrent seuls désormais dans les coutumes dont ils avaient, dès le principe, refusé le sacrifice aux sollicitations d'Augustin. « Ainsi, dit Bède (3), les moines d'Iona re- « çurent la tonsure et les Pâques catholiques par l'intermédiaire « des Angles, et cela fut le résultat d'une compensation providen- « tielle, afin que la nation qui d'elle-même, et sans haine, avait « communiqué la lumière aux populations anglaises, fût ensuite « amenée par les Angles à un genre de vie plus parfait; tandis « qu'au contraire les Bretons, qui n'ont pas voulu communiquer « aux Angles la connaissance du christianisme, se traînent en- « core boiteux et obstinés dans leurs sentiers, avec leur tête sans « couronne.... »

Et maintenant, rapprochons ces faits des observations dont nous les avons fait précéder. Si l'opposition de l'Eglise bretonne, avons-nous dit, tient à des antipathies religieuses, toutes les populations dont se compose cette Eglise devront se montrer également hostiles à l'Eglise romaine.—Nous venons de voir que le contraire a lieu. — Si du moins, avons-nous ajouté, l'opposition doit un jour cesser, les points les plus rapprochés de l'ennemi commun,

(1) *Ibid.*, l. III, c. 25.
(2) *Ibid.*, l. III, c. 27.
(3) *Ibid.*, l. V, c. 22

les plus exposés à ses attaques incessantes, seront les premiers où elle succombera.—Or, la première région conquise est la plus éloignée, la plus inaccessible derrière le pays de Galles et l'Océan, qui lui font un double rempart : c'est l'Irlande. Après l'Irlande, c'est l'Ecosse qui se trouve le plus éloignée, et dans l'Ecosse, le pays des Pictes, protégé par le golfe d'Edimbourg, qui le limite au midi. Ce sont les Pictes qui se rallient les seconds à l'Eglise romaine. Restent les Scots septentrionaux, plus reculés encore que les Bretons. Ils se rendent aussi; et les Bretons, placés face à face de l'ennemi prétendu, exposés, non pas à ses coups, un semblable ennemi conquiert sans frapper, mais à son contact, à ses efforts, à ses séductions, les Bretons voient tomber autour d'eux, derrière eux, toutes les résistances, et, pressés, cernés de toutes parts, seuls, ils persistent dans la leur.—Evidemment, ces résistances n'avaient pas un même principe, le principe religieux, qui, partagé par toutes ces populations, les eût passionnées au même degré.—C'est donc dans notre seconde hypothèse et non dans la première, c'est dans un mobile politique et non dans un motif religieux qu'il faut chercher l'explication de ces antipathies plus ou moins persistantes.

Les clercs romains étaient les apôtres des Anglo-Saxons. Or, quelles étaient les relations de ceux-ci avec les autres peuples des îles britanniques? Ils n'avaient jamais attaqué les Scots d'Irlande. Ce n'était ni aux dépens des Pictes ni aux dépens des Scots septentrionaux que s'étaient accomplis leurs établissements. C'était aux dépens des Bretons dont la race occupait, dès la plus haute antiquité, toutes les contrées qui s'étendent au sud des golfes de Dumbritton et d'Edimbourg. L'invasion première des Saxons, il est vrai, avait été dirigée contre les Pictes et les Scots ennemis des Bretons; mais bientôt ceux-ci étaient devenus victimes de leurs alliés, ceux-là alliés de leurs ennemis (1); et si, depuis lors, cette dernière alliance avait été parfois rompue, les hostilités qui la remplaçaient étaient bien différentes de celles dont les Saxons poursuivaient les malheureux Bretons. Envers les Pictes et les Scots les rares hostilités des Saxons étaient bien moins d'agression que de répression (2). Mais, pour les Bretons, point de trêve; une guerre incessante, acharnée, affreuse, sur laquelle il faut lire les lamentations de Gildas et les poésies galloises. Or, cette guerre, antérieure à l'apostolat d'Augustin, continuait encore au moment où Bède écrivait (731). A cette même époque, au contraire, il y avait cent quarante ans (3) que les Scots n'avaient pas fait une seule incur-

(1) Bed., *Hist. eccles.*, l. I, c. 15.
(2) *Ibid.*, l. V, c. 34. — Malmes, *De gest. pontif. angl.*, l. III, p. 261, ap. script. post Bedam., 1701.
(3) Bed., *Hist. eccles.*, l. I, c. 34.

sion sur les terres saxonnes (603), et cinquante ans environ (685) que les Pictes vivaient en paix dans leur liberté (1). Ainsi, chez les trois peuples dont se compose l'Eglise bretonne, les sympathies religieuses sont les mêmes, mais les antipathies politiques sont bien diverses ; et, dès lors, l'accueil fait aux doctrines romaines révèle les motifs qui le dictent. Si ces motifs étaient religieux, avons-nous dit, l'accueil serait uniforme ; s'ils sont politiques, l'accueil doit être divers. Or, il est divers ; donc, les motifs qui le dictent sont politiques ; donc, l'antipathie des Bretons pour les clercs romains ne tient pas à une hostilité systématique contre la suprématie du pape ; donc, elle tient aux haines politiques qui s'opposaient à ce que les Bretons eussent rien de commun avec leurs oppresseurs.

Que s'il restait à ce sujet le moindre doute, on dirait que Bède a pris à tâche de le faire évanouir, en rapprochant, avec une intention évidente, les dispositions plus ou moins favorables des Scots, des Pictes et des Bretons pour l'Eglise romaine, des hostilités plus ou moins prolongées de ces mêmes peuples avec les Saxons. A propos des Scots d'Irlande qui, les premiers, s'étaient ralliés aux usages de Rome (2), il nous apprend que ce peuple inoffensif avait toujours été le plus ami de la nation anglaise, *gentem innoxiam, et genti Anglorum semper amicissimam* (3). Nous savons également par lui que les rois Northumbres allèrent puiser chez les Scots d'Ecosse les lumières de l'Evangile. Enfin, lorsqu'en terminant son histoire il indique la situation de chacun des peuples qui habitent la Bretagne à cette époque, voici comment il s'exprime : « Au moment où j'écris, la nation des Pictes a une « alliance de paix avec la nation des Angles, et se réjouit de par- « ticiper à l'union catholique et à la vérité au sein de l'Eglise uni- « verselle. Les Scots qui habitent la Bretagne, contents de leurs li- « mites, n'essayent ni embûches ni fraudes envers la nation des An- « gles. Les Bretons, dont la plupart, *par suite de leurs haines « domestiques*, attaquent à tort la nation anglaise, et sans raison « valable les Pâques fixées par toute l'Eglise catholique, les Bre- « tons, dis-je, rencontrant comme obstacle la puissance divine et « la valeur humaine, ne peuvent réussir ni dans l'une ni dans « l'autre de leurs entreprises ; car si une partie d'entre eux a re- « couvré la liberté, une partie aussi est asservie sous le joug « des Angles (4). » Ou nous nous trompons fort, ou ces passages n'ont pas besoin de commentaire.

On le voit, c'est bien la race saxonne, non le clergé romain, et encore moins l'Eglise romaine que les Bretons poursuivent de leur haine. Les Saxons, même chrétiens, sont pires pour eux

(1) *Ibid.*
(2) *Ibid.*, l. III, c. 3.
(3) *Ibid.*, l. IV, c. 26.
(4) *Ibid.*, l. V, c. 24.

que des païens; ils refusent avec eux toute communication religieuse. Avec le clergé romain, au contraire, ils communiquent, la lettre même d'Aldhelm nous l'atteste; seulement comme ce clergé s'est souillé à leurs yeux par son contact avec la race saxonne, ils exigent de ses membres une purification préalable.— Quant à Rome même, jamais aucun texte n'a pu faire soupçonner que l'Eglise bretonne en ait directement et formellement méconnu la suprématie. Ainsi, au plus fort de ses prétendues hostilités, l'un des peuples qui la composent, les Scots d'Irlande, ont recours à Rome *comme des enfants à leur mère*. Les Scots septentrionaux reconnaissent formellement la délégation faite par le Christ à saint Pierre. Les Pictes n'empruntent pas seulement à Rome ses doctrines, mais jusqu'à la forme matérielle de ses édifices religieux, et le premier monument qu'ils élèvent est consacré à saint Pierre. Enfin les Bretons eux-mêmes, s'il faut en croire celui de leurs historiens qui a le mieux connu l'esprit et les mœurs d'une nation à laquelle il appartenait, les Bretons, disons-nous d'après Girald le Cambrien dont le témoignage est adopté par Selden, le savant jurisconsulte anglican (1), « ont tou« jours préféré depuis la mission de saint Germain (429-447), à « tout pèlerinage, celui qui les amène à Rome, où leur dévotion « les porte à honorer le seuil des saints apôtres (2). »

Et maintenant que, selon nous, la discussion est épuisée, résumons, en quelques mots, les résultats auxquels nous sommes arrivés. Sur tous les points où l'on peut signaler des dissidences entre Rome et la Bretagne, nous avons prouvé, d'un côté, que ces dissidences étaient moins nombreuses ou moins importantes, et surtout plus tardives que ne le prétendaient les novateurs; de l'autre, qu'elles ne supposaient aucune relation et n'établissaient aucune parité entre la Bretagne et l'Asie. — A cela eût pu se borner notre tâche, car c'en était assez pour renverser l'opinion contraire à la nôtre; mais sur la nôtre même planaient encore quelques difficultés. Pour ne point se rattacher à l'Asie, les dissidences de l'Eglise bretonne n'en existaient pas moins, et il fallait, après avoir établi qu'elles ne prouvaient rien en faveur de l'Asie, constater qu'elles ne prouvaient rien contre Rome. — Cela nous a conduit à en étudier les origines; et dès l'abord, avant d'entrer dans la discussion approfondie d'aucune d'elles, nous avons pu reconnaître que sur trois populations dont se compose l'Eglise bretonne, deux avaient adopté dans le principe les usages de Rome; et nous en avons conclu d'une manière générale, que les dissidences d'une époque ne pouvaient jeter aucune lumière sur des origines antérieures à cette époque même.—Puis remontant tour à tour à la source de chacun des six

(1) *Analec., anglo-britan.* l. II, c. 1, t. II, p. 903, Oper. omn.
(2) Girald. *Camb. Descrip.*, c. 18, p. 891 ap. Anglica etc., scripta ex bibl. Camdeni, 1602, f°.

usages controversés, nous croyons avoir démontré que trois avaient leur principe dans l'esprit national, et trois dans une adhésion plus ou moins intelligente aux doctrines mêmes de Rome.— Ainsi, d'un côté, la tonsure bretonne n'est, selon nous, que la coiffure nationale et peut-être même druidique. La Bretagne a pour la messe sa liturgie particulière, comme toutes les autres Eglises de l'Occident évangélisées par Rome, comme les Gaules, comme l'Espagne. C'est par un sentiment patriotique que les Bretons repoussent dans les clercs romains les apôtres de la race saxonne. —Et, d'un autre côté, les usages spéciaux des insulaires dans l'administration du baptême, semblent tenir à des cérémonies dont l'Eglise romaine faisait l'accessoire de ce sacrement. C'est pour être trop fidèle à l'ancien comput romain que la Bretagne se refuse au nouveau. Enfin le célibat des clercs bretons est aussi rigoureux que celui des clercs de Rome; comme à Rome, on accueille dans les îles le monachisme oriental; seulement la prudence est moins grande au delà du détroit qu'au delà des Alpes : ici on repousse, là on accepte l'institution des doubles monastères; et dans cette dernière institution dont ne s'étaient pas occupés les novateurs, nous avons indiqué la seule voie possible par laquelle auraient pu s'infiltrer à l'extrême Occident quelques-unes des traditions de l'Orient.

Après avoir mis sur tout ces points la vérité hors de doute, il ne nous reste plus qu'à lui rendre un dernier hommage, en avouant qu'il était facile de la méconnaître. Au seizième siècle, en effet, l'erreur dans laquelle tombaient les novateurs, tenait surtout à la manière dont mille ans auparavant les catholiques avaient attaqué en Bretagne les usages qui s'écartaient des leurs. Lorsqu'on y célébrait les Pâques le XIV de la lune, ils parlaient de Quartodécimans; si on la célébrait le XV, ils prononçaient l'épithète de Judaïsants. La tonsure bretonne était pour eux celle de Simon le Magicien. Les Quartodécimans, les juifs, Simon le Magicien, appartenaient à l'Asie. Et les Bretons à leur tour allaient chercher en Asie des origines moins décriées que celles dont on voulait les faire procéder. Leur tonsure était celle de saint Jean; leur messe était celle de saint Marc; saint Jean avait célébré les Pâques le XIV; et si on les chicanait sur leur cycle, ils invoquaient celui d'Anatolius. Dès lors, on le comprend, par cela même que, dans ces époques reculées, on avait cherché à donner aux faits le stygmate ou la protection de certains noms, on a pu de nos jours se méprendre avec bonne foi sur l'alliance de ces noms et de ces faits. Mais en excusant l'erreur, on n'est point tenu de la partager, et, pour notre part, nous nous estimons heureux si nous avons pu la dissiper sur un point où tous les partis avaient contribué à l'établir.

Paris, Imprimerie de Paul Dupont.

www.ingramcontent.com/pod-product-compliance
Lightning Source LLC
LaVergne TN
LVHW052039160826
845678LV00003B/1435